AF253661

ADDITION AUX FEUILLETS.

QUELQUES MOTS D'EXPLICATION

SUR LA BROCHURE DE M. BRETON,

INTITULÉE : FEUILLETS DÉTACHÉS.

PARIS.

TYPOGRAPHIE HENNUYER, RUE DU BOULEVARD, 7, BATIGNOLLES.
Boulevard extérieur de Paris.

1855

ADDITION AUX FEUILLETS.

QUELQUES MOTS D'EXPLICATION SUR LA BROCHURE

DE M. BRETON,

INTITULÉE : FEUILLETS DÉTACHÉS.

I.

Explication sur le retard de la publication.

Vers la mi-septembre 1854, la brochure portant le titre de *Feuillets détachés*, etc., sortait des presses de M. Hennuyer, aux Batignolles.

Je ne l'adressai d'abord qu'à un petit nombre d'amis, y compris M. Decan, lié avec la famille de l'amiral Roussin, à qui j'avais déjà offert de communiquer les épreuves. Il me fit connaître l'absence de Mme Roussin, et me pria instamment de suspendre ma publication jusqu'à son retour.

Je me rendis à sa prière ; et, le 23 octobre, nous eûmes un long entretien qui fut sans résultats, quant à la demande de la suppression de la brochure.

Il n'en fut pas de même du désir qu'il me témoigna de faire disparaître son nom de ces feuillets. Il craignait qu'on ne le soupçonnât d'avoir aspiré de lui-même à l'échange de son fauteuil municipal contre une des chaises curules du palais du Luxembourg. — Personne ne pouvait savoir mieux que moi ce qui s'était passé à ce sujet, et je m'empressai de calmer ses craintes et de dissiper ses scrupules, que s'exagérait sa modestie.

Restaient encore les trois lettres mentionnées au f° 132, ne concernant pas la pairie, et qui étaient uniquement relatives au fils qu'il avait perdu si malheureusement sur un navire de commerce, disparu en pleine mer sans qu'on en ait jamais eu de nouvelles. Il demandait qu'au moins on le dît, et c'était juste.

Ces concessions souscrites de bonne grâce, M. Decan a refusé de le reconnaître par écrit, et j'ai dû rester en deçà de ma bonne volonté et me borner à donner cette explication, qui ne lui laissera au moins aucun doute sur mon désir de le satisfaire.

Sur ces entrefaites, M. Bonie, officier de marine, se présenta chez moi, et me pria, en sa qualité d'ami de M. Roussin fils, de lui accorder la suppression de certains passages de ma brochure, qui lui semblaient de nature à nuire à l'avancement de son ami. Je n'hésitai pas à déférer à sa demande, et il me quitta très-satisfait.

Prié de confirmer par écrit cette concession, M. Bonie ne m'a pas même répondu. Il a ignoré sans doute mes bons offices pour lui aux débuts de sa carrière, et les nombreuses et pressantes visites chez moi de son excellente mère. Je la prie de lui faire savoir comment je la tirai, un jour, de l'inquiétude la plus vive qui pouvait affliger le cœur d'une mère... Ce sera ma seule manière de me venger de l'impolitesse de son fils.

M. Decan, que je n'espérais plus revoir, revint chez moi le 3 novembre, et me dit que Mme Roussin, reconnaissant qu'il y avait un acte de réparation à exercer envers moi, offrait de consacrer cette réparation par une concession réciproquement convenue et adoptée. Il est certain, ajouta-t-il, que *votre dévouement exclusif* à la personne de l'amiral a pu vous causer du préjudice à la Marine, mais tout peut se réparer. — Le langage et le ton de M. Decan étaient complétement changés : il devint pressant, affectueux; il voulut m'emmener sur-le-champ chez Mme Roussin. — Je ne pus y consentir. — Il y alla seul, revint chez moi peu d'instants après, et, ne me trouvant pas, il recommanda de me dire qu'il m'attendrait le lendemain matin 4 à son cabinet.

Je m'y rendis en effet. — Il m'annonça qu'il avait vu Mme Roussin, et renouvela ses offres de la veille, en ajoutant la condition de me dessaisir de toutes les lettres de l'amiral, et de signer l'engagement de ne rien publier sur lui. — Ce ne fut point de la surprise que je ressentis à cette proposition, que je repoussai, en me hâtant de le quitter. M. Decan, voyant l'insuccès de sa tentative, me pria du moins de permettre qu'il se mît en rapport avec l'un de mes amis. Ceux-ci réunis, le soir du même jour, chez moi, furent d'avis d'accueillir cette demande. — M. Decan, mis en demeure, ne le voulut pas ensuite. Je considérai, dès ce moment, sa médiation comme terminée.

J'étais rendu à la liberté, et rien désormais ne s'opposait à la publication de mes *Feuillets*... Toutefois, un sentiment qui ne s'éteint jamais dans le cœur se réveilla dans le mien, avec des souvenirs dont je ne rougis pas d'avouer ou la faiblesse ou la puissance; et convaincu, d'après les dires de M. Decan, qu'il en était de même chez Mme Roussin , je lui écrivis le 15 novembre la lettre suivante :

« MADAME L'AMIRALE ,

« Je n'ai pu accepter les offres que m'a faites en votre « nom M. Decan, qui, avec d'excellentes intentions dont « je ne doute pas, ne pouvait cependant réussir par de « tels moyens.

« Je n'ai jamais eu la pensée de faire une spéculation « de ma brochure. Je l'ai écrite dans un but de réhabili-« tation que j'ai cru nécessaire, et pour répondre au cher « Inspecteur qui m'y a contraint.

« Mais, à *un mot de vous*, j'en aurais fait le sacrifice, « comme je suis encore disposé à le faire, *si vous m'en* « *témoignez le désir*. Je suis donc à vos ordres et *sans con-*« *ditions*. En cas de réponse affirmative , il sera avisé, « d'un commun accord, au retrait de la brochure.

« Agréez, madame l'Amirale, l'hommage de mon res-« pect et l'assurance des sentiments qui, pour avoir été « comprimés, n'en sont pas moins restés pour vous ce « qu'ils étaient dans le passé.

« BRETON. »

Madame l'Amirale répondit à la troisième personne, et sans signer, un billet ainsi conçu :

« Madame l'amirale Roussin accepte la proposition que « M. Breton lui a faite dans sa lettre du 15, consistant à « supprimer la brochure qu'il se disposait à publier sous « le titre de *Feuillets détachés*, etc. Elle prie M. Breton « de désigner les personnes qu'il désire réunir pour coo-« pérer à cette suppression.

« Ce vendredi 17 septembre. »

Était-ce une telle réponse que je devais attendre, d'après les dispositions annoncées par M. Decan ? — Évidemment non. — Je voulais passer outre. On me conseilla encore une tentative, et je répondis à ce triste billet le 20 novembre suivaut :

« Madame l'Amirale ,

« Le billet que vous m'avez adressé le 17, en réponse
« à ma lettre du 15, ne saurait amener la conclusion que
« je pouvais croire, d'après M. Decan, être l'objet de vos
« désirs.

« Ce billet, en effet, permettez-moi de vous le dire
« sans aucune aigreur, ne peut être reçu comme une ré-
« ponse convenable à une lettre dont chaque expression
« porte le cachet de la paix et du respect. Je ne l'ai écrite
« que parce que M. Decan, à bien des reprises, m'a as-
« suré que vous étiez dans les mêmes sentiments. Se se-
« rait-il abusé en voulant m'amener chez vous, en me
« proposant de nous réunir à dîner, à sa table, enfin, en
« me faisant d'autres offres qui ne me permettaient aucun
« doute sur votre désir d'obtenir le retrait de ma bro-
« chure ?

« Voilà pourquoi, madame l'Amirale, je vous ai écrit
« à vous-même, loyalement, sincèrement, *sans crainte* et
« sans arrière-pensée. Je sauvais ainsi l'amour-propre qui
« pouvait vous retenir, en vous faisant un sacrifice (car
« c'en est un pour moi) que je n'aurais jamais accordé à
« l'intimidation ni aux autres moyens employés inutile-
« ment pour l'obtenir de moi.

« Si donc je n'ai pas été abusé sur votre désir, si vous
« êtes réellement dans les sentiments annoncés et affir-

« més par M. Decan, je consens à regarder votre billet du
« 17 comme non avenu, et à attendre à ma lettre du 15,
« que je confirme dans toute sa teneur pacifique, une ré-
« ponse digne de nous tous. Croyez bien, madame l'Ami-
« mirale, que j'aurais voulu vous en éviter l'ennui. Mais
« vous comprendrez que votre billet ne m'en laisse pas la
« liberté.

« Veuillez agréer, etc.

« BRETON. »

A cette lettre si pacifique, Mme l'Amirale répondit en
me faisant appeler au cabinet de M. le chef de la 1re division de la Préfecture de police.

Je m'y rendis, non sans quelque émotion. Je fus bientôt rassuré par l'accueil plein de bienveillance et de distinction que je reçus de ce magistrat. — Il énonça les
griefs articulés contre moi par Mme Roussin et son beau-
frère. — Ma justification fut facile. — Le magistrat qui
m'interrogeait, et recevait mes réponses avec une parfaite
obligeance, avait devant lui ma brochure, qu'il trouvait
fort inoffensive. Toutefois, il m'engagea à persévérer dans
la voie des déférences que j'avais eues jusque-là pour
Mme Roussin, et me conseilla de lui écrire en rentrant
chez moi. — Je le lui promis, et le quittai plein de reconnaissance pour son bon accueil et ses excellents avis.

En rentrant, j'écrivis à Mme Roussin, en lui offrant
encore les conditions de paix posées dans mes lettres des
15 et 20. Elle me répondit par un billet plus inadmis-
sible que celui du 17 précité. A la vérité, il n'était plus
à la troisième personne et il était signé, mais sans aucune formule de politesse.

Il m'était impossible de transiger dans ces termes, et lui fis savoir, le 27, que passé jeudi 30, je me considérerais comme libre de donner l'essor à mes *Feuillets*. J'avais mentionné dans ma lettre quelques passages d'une lettre de son fils.

Le surlendemain 29, à ma grande surprise, M. Roussin frère se présenta chez moi ; j'étais au lit : il força la consigne, et, me comblant d'amitiés, il déplora le malentendu, dit-il, qui nous mettait en désaccord, et me déclara qu'il venait pour en terminer. Je crus à ses paroles : nous nous embrassâmes, et je lui assurai que sa présence chez moi suffisait pour amener la fin de nos débats.

Il parut enchanté ; puis, abordant le sujet de la lettre de son neveu, qu'il considérait comme un acte de folie et d'imprudence, il s'appesantit sur l'inquiétude qu'elle donnait à sa mère et qu'il partageait. Jamais paroles plus empreintes d'amitié, de tendre affection, ne sortirent d'une bouche en apparence plus convaincue et plus sincère. — Je n'avais jamais et je n'aurais jamais eu la pensée de me faire de cette lettre, dans quelque cas que ce fût, une arme contre son neveu, et, autant par réflexion que par mouvement du cœur, je la remis spontanément entre les mains de mon *affectueux visiteur*, qui la glissa dans sa poche avec une satisfaction visible.

Il me parla tout aussitôt de l'intention de sa belle-sœur, qui, dit-il, était *un peu crispée*, mais qui *se décrisperait*, de me rembourser mes frais d'impression. Je lui répondis que nous y reviendrions un autre jour.

Il partit en me faisant force protestations.

Je n'eus pas besoin des conseils de la nuit pour rester

convaincu que je n'avais été qu'une dupe. — S'ensuit-il
que je regrette mon action, blâmée par mes amis? Non,
mille fois non, et si la chose était encore à faire, aujour-
d'hui comme toujours, je n'agirais pas autrement.

Nous nous étions quittés en échangeant les plus ami-
cales étreintes, et je profitai de ces dispositions pour poser
les bases de l'arrangement proposé, les 3 et 4 novembre,
par M. Decan, afin d'arriver à la conciliation qui, après la
remise de ma lettre et l'incident de la Préfecture de police, ne me paraissait plus devoir rencontrer nulle part
de résistance.

Le surlendemain, 1ᵉʳ décembre, M. Roussin me revint,
mais son ton ne fut plus le même : il était guindé et
roide; il balbutia, parla de me rembourser les frais d'impression de ma brochure, qui, dit-il, était si peu agressive, qu'elle serait arrivée déjà à sa dixième édition si
on n'avait écouté que son avis. Je le remerciai de cette
opinion, qui me parut de même nature que sa visite cau-
teleuse pour obtenir la lettre de son neveu, et nous nous
quittâmes sans avoir fait faire un pas à la négociation. Au
fond je m'en réjouissais, car je tiens plus à la publication
de ma brochure qu'à l'acceptation des offres de Mᵐᵉ Roussin. Je ne m'y prêtai que par une déférence dont je puis
m'honorer.

J'avais donc considéré l'affaire comme entièrement terminée, et j'allais faire imprimer cette note explicative,
quand, à ma très-grande surprise, je reçus une nouvelle
lettre de Mᵐᵉ Roussin, en date du 4 décembre. Cette lettre
est tellement tourmentée, sa sincérité si ténue et si im-
perceptible, que j'aurais pris grand plaisir à la transcrire

ici, comme un modèle du genre, si elle ne se produisait, à tort certainement, sous les auspices d'un magistrat qui a tous mes respects et toute ma reconnaissance. J'y ai répondu le 7 décembre, en rappelant les propositions de M. Decan des 3 et 4 novembre.

Ma lettre a été adressée à la Préfecture de police, où le même magistrat qui m'avait accueilli avec tant de bienveillance, m'a reçu avec la même distinction le 13, et m'a communiqué un rapport entièrement erroné et malveillant de M. Roussin.

Sur la proposition faite par M. le chef de la première division, de faire une dernière tentative de conciliation, j'ai accueilli son offre de se mettre lui-même en rapport avec M. Decan, et d'intervenir officieusement pour arriver à une conciliation honorable pour tous.

En conséquence, le lundi 8 janvier, sur son invitation, je me suis rendu de nouveau à son cabinet, où j'ai trouvé M. Decan, qui a renouvelé la proposition faite par lui les 3 et 4 novembre. M. le chef de division a pensé que cette proposition, qui consacrait l'acte de réparation que la justice et les convenances avaient dicté au mandataire de Mme Roussin, devait terminer l'affaire, et nous sommes sortis de son cabinet, résolus à en finir ainsi.

Rendez-vous a été pris pour le dimanche 14, dans le cabinet de M. Decan, où je me suis rendu, exécutant fidèlement la partie des conventions qui me regardait. Mais un incident auquel je ne m'étais pas attendu remit tout en question, et nous nous séparâmes sans conclure.

Le lendemain, M. Decan me pria de passer à son cabinet à la mairie, ayant besoin de *causer encore avec moi de*

l'affaire. Je dus lui répondre que nous avions plus qu'é-
puisé ce que nous pouvions avoir à nous dire à ce sujet,
et que nous reprenions en conséquence nos positions res-
pectives, comme avant ces tentatives infructueuses. Je dus
cependant, sur de nouvelles instances, y retourner encore
aussi vainement. Dès lors je résolus de n'y plus revenir.
Je n'hésite pas, néanmoins, à reconnaître les bonnes intentions de M. Decan, comme je l'ai fait dans ma lettre
du 15 janvier, et à lui adresser l'expression de ma vive
et sincère reconnaissance, qui n'est pas moins acquise à
M. Mettetal, chef de la première division à la Préfecture
de police, dont je n'oublierai jamais l'impartialité et la
parfaite courtoisie.

II.

Lettres de **M**. **R**oussin, frère de l'amiral, et réponses de **M**. **B**reton.

J'ai dit, f° 97 de ma brochure, que je n'étais entré dans les détails prouvant mon intimité avec l'amiral Roussin et l'importance de mes services près de lui, que par suite des lettres que m'a écrites M. Roussin, son frère. M. Decan n'y a rien trouvé de blessant pour moi : je puis donc les publier sans inconvénient, ainsi que mes réponses.

Pour y arriver, je suis obligé de remonter quelque peu dans le passé.

L'amiral Roussin déplorait souvent de n'avoir rien fait pour moi : il s'en montrait affligé, et m'appelait son *souffre-douleur*. Un jour, comme j'entrais dans son cabinet, il me dit : « Vous arrivez bien, je viens d'écrire vo-
« tre nom : vous le savez, mon cher Breton, je ne puis
« rien faire pour vous de mon vivant ; mais si vous me
« survivez en ce monde, je veux au moins vous laisser un
« souvenir pour vous aider. »

Le soir de ce jour, j'en parlai à..... Mais il y a déjà quelque temps de cela, et le souvenir d'un tel fait ne pouvait rester dans la mémoire d'une personne dont l'attachement pour moi ne pouvait survivre à ma rupture avec Mme Roussin. L'amiral, d'ailleurs, dans une pièce sans forme, adressée à M. Decan, ne parle pas de ces dispositions ; je n'ai pour moi aucune preuve matérielle de l'assertion que j'avance ici uniquement *pour mémoire* ; je ne pourrais dire d'ailleurs si ce fait est antérieur ou postérieur à la pièce déposée entre les mains de M. Decan.

Peu de jours après les obsèques de l'amiral Roussin, j'arrivai un matin à la maison mortuaire. Mme Roussin me dit qu'elle venait de jeter au feu une masse de papiers, et son fils, qui survint au même moment, me demanda s'il était à ma connaissance que son père eût laissé des écrits sur son ambassade. Je répondis par l'affirmative, ajoutant que j'avais moi-même classé, analysé ces nombreux documents, qu'il trouverait dans des caisses ou des malles [1]. « De plus, ajoutai-je, l'amiral a tenu compte, dans des petits cahiers qu'il appelait son journal quotidien, des événements de sa vie et de tout ce qui s'offrait de remarquable à ses observations, à travers les temps révolutionnaires qui avaient si souvent bouleversé le pays. En outre il avait consigné dans ce journal quotidien les mille détails si intéressants et si importants de sa carrière de marin. — Ah ! ma foi, me répondit-il, pour ces cahiers-là, ils étaient si nombreux, que ma mère, qui va être obligée de restreindre son logement, n'aurait pu les caser, et nous les avons tous jetés au feu. — Je m'éloignai, attristé de cette déclaration. »

A quelque temps de là, j'écrivis à Mme Roussin pour lui annoncer que, selon le désir souvent exprimé par l'amiral, je mettais en ordre sa volumineuse correspondance, et que j'allais m'occuper d'écrire sa vie. Elle me répondit en me priant de n'en rien faire. Je dus respecter sa volonté ; mais je lui annonçai qu'à défaut de la vie de son

[1] Voir une note de la main de l'amiral à ce sujet.

mari, que j'aurais été si heureux de reproduire dans tout son éclat, je publierais dans peu une brochure sur mes relations intimes avec lui et sa famille.

C'est à ce sujet que la correspondance suivante s'engagea entre M. Roussin, son beau-frère, et moi.

« Paris, 1er avril 1854.

« MON CHER BRETON,

« Si je ne vous ai ni parlé, ni écrit sur ce qui fait l'objet principal de la bonne lettre que je reçois de vous, c'est que je ne puis pas avoir d'avis personnel à donner là-dessus.

« Je sais que le fils et la veuve de l'amiral ne sont pas favorables aux publications dont il s'agit, de quelque part qu'elles viennent. Sachant cela, je dois me taire, ne devant ni défendre, ni encourager. Je n'ai pas autorité pour l'un, ni mission pour l'autre. Sans qu'on se soit jamais expliqué bien catégoriquement avec moi, je me rends assez compte de l'espèce de réserve dans laquelle la famille veut se renfermer. Toute belle, toute honorable que soit la vie de l'amiral, elle n'a cependant *rien d'assez saillant pour capter un public*, surtout un public de notre temps, sur qui tout glisse. Si cependant on n'écrit point pour un public, pour qui écrit-on ? Voilà sans doute la réflexion que l'on fait, et ce qui me porte à penser qu'on ne désire aucune publication. Je crois aussi que, *dès à présent*, il y aurait impossibilité à en faire de complète. J'ai su en gros qu'on a brûlé énormément de papiers : il y en avait sans doute beaucoup de peu d'importance ; mais aussi, comme il n'y avait rien de classé, tout étant pêle-mêle dans des caisses, *tout y a passé* ; et ainsi beaucoup de papiers qui auraient pu être utiles plus tard ont pu être brûlés avec d'autres.

« Voilà, mon cher Breton, tout ce que je puis vous dire sur ce sujet : cela vous expliquera le silence qu'on garde avec vous, et dans lequel vous n'êtes pour rien.

« Votre vieil ami,

« *Signé* : Roussin. »

« Villers-Cotterets, 3 avril 1854.

« Cher Inspecteur en chef,

« Je ne partage pas votre avis, et je trouve que la vie de votre frère peut et doit intéresser par tous ses côtés bien étudiés et bien mis en lumière. Quant au public, nous savons ce que nous devons entendre par *public*, pour la lecture de ces *sortes d'ouvrages* ; ce *public* se compose des amis et des connaissances ; et puis, on peut croire qu'un ministre mieux intentionné que M. de Mackau, l'ami qui refusa, en 1846, de prendre un seul exemplaire de la biographie de votre frère, pourra aussi répandre une semblable brochure, en en faisant prendre quelques exemplaires pour les bibliothèques de son département. Cette publication, d'ailleurs, ne peut avoir rien de spéculatif.

« L'amiral avait précieusement gardé sa correspondance de Constantinople, et je l'avais moi-même analysée et classée. Elle fut ensuite déposée dans des caisses, et on a dû la retrouver intacte, car il y tenait beaucoup. De plus, il avait tenu compte de tous les événements de sa vie dans des petits cahiers qu'il appelait son journal quotidien, et dont j'ai également parlé à Albert tout récemment. Si l'on a livré ces richesses aux flammes ; je le déplorerais de toute mon âme ; c'était, il me semble, un bel héritage pour un fils !...

« Quant à moi, j'ai conservé la volumineuse correspondance de l'amiral, et, à défaut d'autres ressources, j'y trouverai les matériaux nécessaires pour mon travail.

« A bientôt,   BRETON. »

Ainsi donc, voilà deux points établis :

La vie de l'amiral, d'après son frère, n'a rien qui en doive rendre la publication intéressante.

Ses papiers ont été jetés au feu ! *Tout y a passé.*

Je continue :

« Villers-Cotterets, 6 juillet 1854.

« CHER INSPECTEUR EN CHEF,

« Bien qu'à mon vif et très-grand regret, nos bons et anciens rapports d'amitié me paraissent menacés d'une rupture qui, assurément, ne vient pas de moi, je n'en crois pas moins devoir vous donner avis que j'ai terminé un travail qui reproduit mes rapports d'intimité avec l'amiral et sa famille. Il se pourrait qu'il vous parût utile d'en prendre connaissance avant sa publication, et je regarde comme un devoir de vous en faire la proposition, ainsi qu'à Mme l'Amirale, à qui vous le direz, si vous le jugez à propos.

« Si vous désirez recevoir cette communication, veuillez avoir l'obligeance de me le faire savoir sans retard, et je déférerai à votre volonté.

« Ceci vous explique ma réserve dans mes visites. Je vous ressemble quelque peu du côté du caractère. Vous vous souvenez que vous vous dispensiez d'aller voir Mme Decan, dans la prévision d'une rupture *entre votre belle-sœur et son mari*. Il en est de même de moi par rapport à vous, et, ceci dit, j'ajoute avec bonheur que je conserve pour vous tous les sentiments de mon sincère et fidèle attachement quand même.

« Breton. »

« Paris, 8 juillet 1854.

« Mon cher Breton,

« Après tout ce qui a été dit sur ce qui fait le fond de votre dernière lettre, vous devez pressentir quelle sera ma réponse. Elle est déjà faite implicitement depuis long-temps par chacun de nous, et si elle a pu varier dans sa forme, en raison de la différence des positions, elle est unanime sur le fond en lui-même et tout ce qui s'y rap-porte.

« Vous me donnez avis que vous êtes sur le point de li-vrer à la publicité un travail qui reproduit vos rapports d'intimité avec l'amiral et sa famille (je reviendrai sur ce mot tout à l'heure), et vous ajoutez que vous êtes disposé à nous le communiquer.

« Quel est le but de cette offre,... puisque vous savez, à n'en pouvoir douter, que l'intention bien arrêtée de la famille de l'amiral est de ne rien publier sur son chef dé-funt, et qu'elle refuse tout concours, toute adhésion à quelque publication que ce soit sur ce sujet? Pensez-vous que la communication que vous m'offrez nous ferait chan-ger d'avis?... Assurément non. Ayant répondu négative-ment quant au fond, nous ne pouvons avoir aucun avis à donner, ni aucune curiosité à satisfaire sur la forme. Cette communication n'aurait donc aucun sens, et je dirai

même que l'accepter serait de notre part une inconsé-
quence, sous ce rapport, entre autres, qu'elle pourrait
nous être opposée comme une quasi—adhésion à la publication de votre travail.

« Ce travail, dites-vous, reproduit vos rapports d'intimité avec l'amiral et sa famille. Ce sont vos expressions,
sur lesquelles j'ai dit plus haut que je reviendrais. Je ne
pouvais, en effet, manquer de le faire, ne serait-ce que
pour vous exprimer mon étonnement *qu'en admettant cette
intimité,* vous ne sentiez pas que, loin de vous autoriser à
ce que vous allez faire, elle vous commanderait une réserve absolue, et qui ne saurait être loyalement levée,
même partiellement, que du consentement des personnes avec lesquelles vous avez pu avoir de tels rapports.

« Je n'ai pas besoin, je pense, de vous rappeler à quel
rang le monde, en fait de relations d'intimité, place celle
des deux qui les divulgue à l'insu de l'autre ou malgré
l'autre [1]. Vous savez tout cela tout comme moi, et vous dites
tout aussi haut que je pourrais le faire, que si l'opinion
publique là-dessus est sévère, elle ne cesse pas d'être
juste. Vous le dites peut-être avec d'autant plus d'empres-
sement que vous ne pensez pas être au nombre des justi-
ciables de l'opinion publique, vous croyant couvert par ces
mots que, dès le premier jour, vous avez mis en avant, la
volonté de l'amiral, qui est sacrée pour vous. Ces mots, je
les prends dans vos lettres des mois derniers. Mais comment se fait-il qu'un homme de sens et qu'un homme
de votre âge ne voie pas qu'ils n'ont rien de sérieux, et

[1] Sans doute, s'il s'agissait de révélations scandaleuses ou immo-
rales, mais ce n'est pas ici le cas.

comment avez-vous pu penser qu'il vous suffirait de les prononcer pour les faire accepter? Entre nous, qu'est donc dans votre esprit la famille de l'amiral Roussin, pour que vous soyez le seul dépositaire d'une volonté dont vous prétendez vous armer? Comment! il suffirait d'invoquer une prétendue volonté de l'amiral, pour que sa famille dût se taire et consentir à tout ce qu'on voudrait lui imposer? Le bon sens répugne à une pareille conséquence : votre assertion n'en admet pourtant pas d'autre. L'accepteriez-vous pour vous-même, si on avait la prétention de vous l'infliger? Et, en définitive, pour pouvoir disposer à votre gré de la mémoire de l'amiral, *lui êtes-vous plus proche que ses proches?*

« Si la conduite d'autrui pouvait parfois servir à régler la nôtre, je vous citerais M. Decan, qui avait par devant lui un écrit par lequel l'amiral recommandait que ses obsèques fussent les plus simples possible et qui lui enjoignait spécialement d'y veiller. La famille connaissait aussi là-dessus la pensée de son chef. Cependant, M. Decan, après avoir fortement insisté, ne s'est pas obstiné dans un mandat dont l'existence matérielle était cependant incontestable. Viendrez-vous me dire que si M. Decan a agi ainsi, c'est qu'il a jugé qu'il lui était, à vrai dire, impossible d'empêcher la famille de faire ce qui lui convenait ; mais que votre position est tout autre, et que vous persistez, parce qu'on ne pourra vous empêcher de commettre un acte que vous serez seul à exécuter ! Une situation qui se résumerait ainsi serait jugée d'avance ; mais je suis loin de vous attribuer un semblable raisonnement, et de vous prêter des arguments que votre délicatesse repousserait de la manière la plus absolue.

« La franchise de cette lettre vous prouvera au moins, mon cher Breton, que je suis loin d'imputer à un tort du cœur une erreur de l'esprit. Averti par vous d'abord, puis tenu, par ma position ici, au courant d'un incident que la circonstance dans laquelle il s'est produit rend plus étrange, amené par vous-même à dire tout ce que je pensais, je vous ai vu avec un vif regret faire fausse route, et, permettez-moi de le dire, fermer l'oreille aux raisons [1] les plus simples et les plus saines, méconnaître les sentiments les plus pieux et je dirai les plus saints ; car, croyez-le bien, le silence du respect est bien autrement éloquent, bien autrement religieux que toute cette ostentation de paroles ou d'écrits dans lesquels les vivants cherchent bien plus à satisfaire leur amour-propre qu'à honorer les morts. Si vous n'êtes pas de ces vivants, comme je le désire et comme j'aime à le croire, croyez-vous nous le prouver en persistant envers et contre tous, et en aboutissant à une querelle là où il n'y avait place que pour l'expression d'un désir que j'ai compris, mais qui devait se contenir et se résoudre en une abstention qui était commandée par les circonstances avant d'avoir été réclamée par les personnes?

« Adieu, mon cher Breton, recevez ici, je vous prie, l'expression de mes anciens sentiments pour vous.

« ROUSSIN. »

Voilà assurément une épître bâtie sur la pointe d'une aiguille ou sur le tranchant d'un rasoir. Outre qu'elle pétille d'esprit, elle avait été, calligraphiquement parlant,

---

[1] Et quelles raisons !... que la vie de l'amiral n'avait rien d'assez saillant pour en rendre la publication intéressante !...

écrite avec une recherche extrême. La nudité et la simplicité de ma réponse en fera d'autant plus ressortir la
forme étincelante.

« Villers-Cotterets, 10 juillet 1854.

« Cher Inspecteur ,

« Vous m'avez écrit une lettre avec un talent calligra-
phique irréprochable et dont je vous fais mon compliment
sans rire. Mais, à part ce compliment sincère, j'ai bien
peur de ne trouver, dans toute l'étendue de cette lettre,
aucun autre motif de vous en faire.

« A Dieu ne plaise que je veuille engager de discussion
avec vous sur le sujet qui nous divise. Non. Ainsi que je
l'ai écrit à madame votre belle-sœur, je n'en engagerai ni
avec elle, ni avec aucun membre de la famille, ni avec
vous surtout, que j'affectionne tout particulièrement. Mais
je me défendrai si l'on m'en fait, de quelque côté que ce
soit, une nécessité ; et voilà pourquoi dès aujourd'hui je
me crois obligé de répondre à votre lettre agressive du
8 du courant.

« D'abord, pour vider *le point le plus délicat*, je vous
dirai que l'opinion de ce monde, dont vous voudriez en
vain me faire un épouvantail, n'a rien qui puisse *timorer*
ma conscience. — Depuis longtemps ce monde sait quel
fut mon dévouement pour votre frère, et comment ce
dévouement a été récompensé. Je trouve dans une de vos
propres lettres un passage remarquable à ce sujet. Nous
pourrons y revenir au besoin. A cet égard donc, cher
Inspecteur, soyez moins *anxiet* sur mon compte que sur
celui de quelques autres. Vous prenez votre alphabet au
rebours, comme certaine personne que vous me citiez, qui

tenait *bien dévotement* son livre de messe par le mauvais bout. Vrai, cher Inspecteur, laissez-moi vous le dire sans aigreur, parce que je n'en ai pas contre vous, ce passage de votre lettre est aussi malheureux et aussi injuste que celui que j'ai caractérisé dans la lettre de Mme Roussin. Vous semblez tous oublier que vous vous adressez à l'homme qui a été le plus dévoué à votre frère, qui l'a le plus aimé pendant sa vie et qui l'honore le plus après sa mort. Nous reviendrons encore *à ce monde* pour lequel vous ne m'aviez jamais paru professer une telle religion et que je vous suppose de fréquenter fort peu, quoique vous soyez placé parmi ses plus belles constellations.

« *Oui*, et quoi que vous en puissiez penser et dire, *oui*, la volonté de l'amiral devait être *sacrée* pour moi ; cependant j'ai eu pour celle de sa veuve, et pour la vôtre à vous-même, une condescendance dont vous tenez peu compte, en vous jetant dans un tel dédale et une telle subtilité de mots, que j'en serais déconcerté vraiment, si je connaissais moins l'esprit quelque peu méphistophélétique de l'auteur de la fameuse brochure d'un contrôleur *intrus* à un contrôleur *in partibus*.

« Où donc, je vous prie, avez-vous pu voir que *je dispose de la mémoire de l'amiral? — Lui êtes-vous donc plus proche que ses proches?* dites-vous. Très-cher Inspecteur et bon ami, dites-moi, la main sur la conscience, si vous avez pu être sérieux et logique surtout, en laissant tomber de votre plume bien taillée ces mots tranchants et ironiques, qui appellent tout au moins la représaille!... Des services comme ceux que, dans de nombreuses lettres (vous le verrez), l'amiral constate que je lui ai rendus;

des services comme ceux que Mme l'Amirale assure que je
lui ai rendus, ainsi qu'à ses enfants ; des services, enfin,
comme ceux que, dans quelques-unes de vos lettres, vous
dites aussi qu'on aurait obtenus de mon dévouement,
n'ont-ils pas pu être considérés comme suffisants pour
m'ouvrir les portes d'une parenté morale dans votre famille ?... Est-ce moi qui en ai réclamé le privilége ? est-ce
moi qui ai dicté la lettre du 15 novembre 1847, de l'a-
miral à M. le duc de Montebello, disant qu'*il n'avait rien
fait pour moi, parce qu'il me regardait comme de la famille ?...* Enfin, cher Inspecteur, est-ce moi encore qui
vous ai soufflé votre lettre du 21 février dernier, qui me
donne, au nom de votre belle-sœur, au nom de ses enfants
et en votre propre nom, le titre de *membre de la famille ?*
Non, ce n'est pas moi qui l'ai demandé : je l'ai mérité,
c'est mieux.

« Eh bien ! si cela est, croyez-vous que ce monde, dont
vous semblez tant redouter le jugement pour moi, ne
pourrait pas bien dire, contrairement à votre sentiment :
Oui, un tel ami est souvent plus proche que les proches ?
et si une réserve et un respect que je ne violerai jamais
ne scellaient dans mes mains certaines lettres de l'amiral
et de vous-même, croyez-vous donc que je serais le moins
du monde embarrassé pour fournir des preuves réelles à
l'appui de cette vérité, *qu'il y a souvent des amis dignes
de monter au rang de parent ?*

« Encore une réplique, je vous prie. A celui qui res-
pecte et désire exécuter les volontés de votre frère, vous
objectez le refus de sa famille de satisfaire à ses désirs,
nonobstant la juste observation de l'exécuteur testamen-

taire ! Quelle logique est donc la vôtre ? En vérité, cher Inspecteur, vôtre jugement laisse ici bien à désirer.— Prenez garde que ces mots de votre lettre : « Le silence est « bien autrement religieux que toute cette ostentation de « paroles et d'écrits; » que ces mots, dis-je, ne se trouvent cruellement, peut-être bien ironiquement démentis par cette grande pompe funèbre, que je ne blâme pas, il s'en faut, que la famille du pauvre défunt a ordonnée contrairement à ses volontés écrites, et aux résistances de l'exécuteur testamentaire. Cher Inspecteur, vous avez cherché à m'égratigner, et vous voyez que votre griffe s'est rebroussée sur elle-même, comme si la peine du talion était encore dans les mœurs de notre temps !...

« Prenez garde encore : mon âge, qui n'avait que faire dans tout ceci, était et est une sûreté, une garantie de ma prudence, et vous n'auriez pas eu le regret d'en douter, si, appréciant mieux la proposition que je vous faisais et que je vous fais encore, vous aviez pris connaissance de mes rapports très-intimes avec votre frère. Ces rapports, ni vous, ni personne de votre famille ne les avez jamais bien connus.

« Le mot *querelle* se trouve dans votre lettre et s'applique à moi, *bien entendu*. Étrange oblitération d'un esprit prévenu et taquin (car vous êtes très-taquin). — Vous n'avez donc pas achevé la lecture de ma lettre, que je terminais en ajoutant que *je gardais avec bonheur et quand même tous mes anciens sentiments d'attachement pour vous.* — De bonne foi, et encore la main sur la conscience, une intention de querelle peut-elle entrer dans le cœur d'un ami qui proteste ainsi de son attachement si souvent éprouvé ?

« Il m'en coûte bien de vous dépecer ainsi, cher Inspecteur, mais vous m'avez mis vous-même le scalpel dans les mains, en me contraignant à me servir, pour me défendre, de l'arme que vous avez employée pour m'attaquer. — Je repousse encore la guerre et me revoici avec le calumet de la paix. A votre tour, ne le repoussez pas.

« Revenons pour la dernière fois à cette opinion du monde que, dans votre sollicitude, vous redoutez tant pour moi. — Ce n'est pas ce monde, cher Inspecteur, qui a été de son propre mouvement injuste et cruel envers moi. Il s'est dit seulement : « L'amiral Roussin et sa famille toute puissante ont laissé jeter à la retraite ce vieux serviteur, et nul ne s'est levé là pour lui tendre une main secourable ! » Alors il a pu se faire que ce monde ait dit : « On n'a rien fait pour le sauver de sa détresse, c'est donc qu'on n'avait pas jugé qu'il méritât qu'on le soutînt. »

« Eh bien ! cher Inspecteur, en publiant avec simplicité le récit de mes services près de l'amiral, j'espère que l'opinion faussée s'éclairera et se rétablira à mon égard.

« Comment donc, vous qui trembliez, me disiez-vous, il n'y a pas encore longtemps, *d'aller en sabots* dans vos vieux jours (ce furent vos expressions), comment, dis-je, n'avez-vous pas senti une petite touche de sensibilité quand l'adversité m'a accablé ?... Et comment, aujourd'hui encore, voulez-vous vous appesantir sur mes tristesses, en me menaçant de je ne sais quelle opinion du monde qui, soyez-en sûr, ne se fera pas l'écho de vos préventions et de vos idées malheureuses ?...

« Je n'ai plus rien à rétorquer dans votre lettre et je m'empresse d'abandonner ce style d'imitation, et de vous renouveler, cher Inspecteur, la nouvelle assurance de tous mes vieux et bons sentiments.

« A vous comme par le passé, et sans rancune,

« BRETON. »

« Paris, 11 juillet 1854.

« MON CHER BRETON,

« Vous semblez attendre une réponse à votre dernière lettre. Je vais vous la faire la moins longue possible, car il y a peu d'intérêt désormais pour tous deux à prolonger cette correspondance, que je n'aurais pas ouverte si vous n'eussiez pris ce soin, en m'offrant de me communiquer le travail que vous projetez de publier.

« Après tout ce qui a été écrit là-dessus, cette offre qui, pour le dire en passant, ressemblait assez à un défi, mais que je n'ai pas considérée à ce point de vue, ne pouvait pas rester sans réponse. Le silence aurait eu un faux air de consentement. Il fallait dire aussi pourquoi on n'acceptait pas. En écrivant ma lettre du 8, je désirais, sans doute, mais sans l'espérer, modifier votre détermination; car plus je vieillis, ce dont je m'effarouche moins que vous, plus je suis convaincu qu'il en est de l'esprit comme du cœur, il y a ce qu'il y a [1]. Tout vient de nous, rien d'autrui. Je n'avais donc aucune chance de vous faire adopter des idées qui ne sont pas les vôtres. Aussi, comme vous me le dites, vous me rétorquez plutôt que vous ne me répondez. — Pour répondre, il faut se comprendre mutuellement; il faut, non pas assurément être tout d'abord du même avis, mais être cependant dans une certaine communion de vues, de senti-ments surtout, dans laquelle nous ne sommes nullement, à

[1] Selon vous, *rien !* L'amiral, votre frère, a pensé différemment pendant vingt-six ans...

ce qu'il me semble. Et tenez, en voulez-vous une preuve : je la prends au hasard dans ce passage de votre lettre où vous signalez une contradiction entre les funérailles de l'amiral et le silence que sa famille garde et réclame. — Vous n'avez pas compris, parce que cela contrariait le thème que vous vous êtes fait, qu'après plus de six ans, durant lesquels l'amiral a été une charge sans compensation pour l'État, ses enfants ont pu croire que ne pas rendre au rang qu'avait leur père les honneurs qui lui sont dus, c'eût été donner à penser qu'ils n'en faisaient cas que par ce qu'il rapporte. Ils ont cru avoir une obligation à remplir, une satisfaction à donner à l'opinion publique. C'est une faiblesse peut-être, mais n'est pas fort qui veut. — Quoi qu'il en soit, les convenances officielles satisfaites, la famille de l'amiral a pu croire que le culte de son chef lui appartenait désormais. — Sa conduite n'a donc rien de contradictoire, et ma logique n'est pas aussi caduque que vous voulez bien le dire. (Et si vraiment, cher Inspecteur! car vous omettez une circonstance qui fait crouler vos raisonnements, très-spécieux d'ailleurs : c'est la demande par la famille des funérailles aux Invalides, dont le principal but était surtout la dispense des frais. — Quand Mme Roussin, en avril 1853, me pria de me rendre près d'elle (Voy. f° 160 des *Feuillets*), je reçus ses confidences entières à ce sujet. Son désir des Invalides s'appuyait sur des raisons d'économie! Cher Inspecteur, il fallait au moins vous entendre avec votre belle-sœur, avant de m'écrire une lettre qui la contredit si complétement... Après le refus, je conçois, comme on me l'a d'ailleurs affirmé, vous-même, je crois, en me communiquant chez vous le dossier relatif aux funérailles de l'amiral Duperré, qu'en votre qualité d'inspecteur, vous pouviez déplacer de la marine; je conçois, dis-je, la détermination prise de faire ce que l'on a fait. Mais, de grâce, ne provoquez pas, dans une si triste conjoncture, le rire et l'incrédulité, en voulant faire croire que c'est par la raison que votre frère était, depuis six ans, une *charge sans compensation* pour l'État... Pardon de cette longue parenthèse.) — Continuons votre lettre.

« Deux mots encore, mon cher Breton, et je finis : je voudrais relever une erreur de date. Vous reprochez à la famille de l'amiral Roussin, toute puissante, comme vous dites, pour lui prêter des torts qu'elle n'a pas ; vous lui reprochez de vous avoir laissé jeter à la retraite, et c'est à moi que vous écrivez cela ! Croyez-vous que j'aie perdu la mémoire des faits et des époques? Dites-moi, je vous prie, où en était l'amiral, et, par suite, sa famille, à l'é-poque de votre retraite? Vraiment, permettez-moi de vous le dire, il y a là plus qu'un manque de mémoire, il y a absence complète de tout sentiment d'impartialité ! (Eh ! cher Inspecteur, ne serait-ce pas vous qui manqueriez de mémoire? Vous oubliez que vous m'avez écrit en 1848 : « Nous avons tout dit, depuis longtemps, sur ce que l'a-miral n'a pas fait pour vous ! »)

« Mais, pardon, mon cher Breton, j'abuse de vos yeux et de votre temps. Je m'arrête pour ne plus recommencer.

« Votre affectionné,   Roussin. »

P. S. « Voici un argument de plus contre ma taquine-rie ; je vois que vous n'avez pas pris le mot *monde*, qui se trouve dans ma lettre, selon le sens que je lui attribuais.

Pour vous, le *monde* serait une certaine espèce de gens, la fraction d'un tout. Ainsi, par exemple, et pour finir par un peu de philologie [1], le *monde* est parfois assez indulgent sur des choses que l'opinion publique réprouve toujours sans réserve comme sans pitié. La raison en est que le monde est quelqu'un plutôt que quelque autre. (Oh! bienheureux père Bouhours, tu n'avais pas compris celle-là dans ton recueil des maximes du grand saint Ignace de Loyola!) L'opinion, c'est la généralité sans exception ; c'est ce que j'ai voulu dire. »

« Villers-Cotterets, 12 juillet 1854.

« MON CHER INSPECTEUR,

« Votre lettre d'hier est meilleure que la précédente, que vous ne m'auriez certainement pas écrite si vous aviez connu mon travail. Des amis de l'amiral et plusieurs des miens ont pensé même qu'il exciterait en vous des sentiments tout contraires à ceux que Mme l'Amirale et vous m'avez exprimés. C'est toujours un mal de juger, et surtout de condamner une chose sans la connaître.

« Soit ; j'accepte votre distinction : le *monde* ou l'*opinion*. Je me résigne au jugement de l'un ou de l'autre.

« Quant à vous avoir *rétorqué* et non *répondu*, dites-vous, c'est peut-être vrai, mais dans un sens opposé à votre sentiment. *Rétorquer, c'est réfuter par l'argumentation* de la partie adverse, et c'est ce que j'ai fait, non pas avec votre

---

[1] Ce ne sera, on le voit, ni de la faute du cher inspecteur, ni de celle de M. Decan, si je ne profite pas de leur érudition.

M. Decan, à propos du mot *Parangon* employé en parlant de lui par l'amiral, f° 127 des *Feuillets*, fit une petite excursion dans le Jardin des racines grecques, et me donna un échantillon de son savoir en matière de linguistique et de philologie, dont je restai ébloui ; et d'un commun accord, ce mot, qui se dressait devant lui comme un trait de Martial, fut condamné à rentrer dans les limbes d'où il était sorti.

esprit, mais avec ma sincérité, qui est tout mon mérite.

« Vous vous trompez : en 1848, quand j'ai été frappé, l'amiral avait, et a eu longtemps encore après, plus qu'il ne fallait de force pour me sauver. Je vous en fournirai la preuve multiple. Il n'y a donc pas *manque de mémoire chez moi*, comme vous le dites assez aigrement, ni *absence complète de tout sentiment d'impartialité;* mais, permettez moi de vous le dire, il y a chez vous *ignorance complète* des faits de l'époque *passés loin de vous*, et peut-être, ce qui est pis pour moi, insensibilité de votre part pour ce qui me concernait; car jamais vous ne m'avez dit un mot de ma protestation contre la mesure qui m'a atteint.

« Je n'ai pas non plus l'intention de recommencer avec vous cette correspondance, qui n'a jamais été *un défi* de ma part, mais bien au contraire une déférence que vous pouviez et deviez attendre de moi.

« Vous le voyez : ma sécurité est parfaite, et mes intentions, quoi que vous ayiez insinué sur ma loyauté, restent, ce qu'elles ne peuvent manquer d'être, inspirées par mon respect pour l'amiral et sa famille.

« C'est moi qui abuse de vos yeux et de *votre temps;* car vous avez de grands devoirs à remplir, et moi je n'ai que trop de loisir. Je ne m'en plains pas, quand vous m'offrez surtout l'occasion de lire vos lettres toujours spirituelles, alors même que vous me forcez, *non à vous répondre*, mais *à vous rétorquer.*

« Sans adieu, taquin ; taquin vous êtes, et taquin vous serez toujours, ce qui ne m'empêche pas de vous affectionner quand même.

« A vous toujours,   BRETON. »

Je le répète, je n'aurais pas publié ces lettres, si M. Decan, en louant sans mesure celles de M. Roussin et en gardant le silence sur mes réponses, ne m'avait forcé à chercher dans le public des juges moins prévenus et d'une impartialité plus désintéressée.

Mais pourquoi donc M. Decan et toute sa famille, qui ont été toujours et qui étaient naguère si bien pour moi, ont-ils tout à coup changé à mon égard ?

M. Decan n'a-t-il pas dans les mains, comme moi, des lettres de l'amiral, qui nous mettent dans une parfaite communauté d'opinion et de sentiments, qu'il m'exprimait encore pendant sa médiation ? — Il a été parfait dans cette médiation, et il serait resté tel sans la mobilité, le désaveu et les démentis qu'il subissait à regret.

M. Decan, dans un moment d'expansion extrême, très-ému, ne m'a-t-il pas dit, chez moi, le 3 novembre dernier, que la famille Roussin me devait une réparation ; qu'il en était convaincu ; que Mme Roussin en était convenu aussi, et qu'elle voulait exercer envers moi cet acte de convenance et de justice ?...

M. Decan, en me pressant, en me serrant les mains, ne me disait-il pas : « Je vous connaissais et je vous estimais « bien depuis longtemps ; mais un lien plus intime et « plus fort va me rattacher à vous plus que jamais...? » Et puis malheureusement il reprenait, par la puissance de l'habitude, son rôle d'homme d'affaires, et conseillait [1] ou souffrait qu'on m'appelât à la Préfecture de police. — Et cependant, ô monsieur Decan ! vous avez touché de bien

---

[1] M. Decan m'a affirmé sur l'honneur qu'il était étranger à cet acte, qu'il n'approuvait pas.

près (sans le savoir) à la disgrâce de Mme Roussin, et ce n'était pas assurément pour avoir insisté sur l'exécution des dernières volontés de l'amiral (voir ma lettre du 6 juillet à M. Roussin frère). Quand vous le voudrez, je vous dirai pourquoi, et vous saurez alors pour qui vous m'avez abandonné !...

Eh bien ! monsieur Decan, je le dis sans haine et sans aigreur à ceux qui vous ont envoyé vers moi, pour m'abuser et gagner du temps... « J'aime mieux mon rôle que « le vôtre : je vous laisse avec le souvenir de vos papiers « livrés aux flammes, avec votre fortune de 800,000 francs « et votre in...différence : je reste avec ma pauvreté hono- « rable, ma dignité et mon indépendance ; avec mes ser- « vices rendus et non récompensés, et je me consolerai de « vous, en écrivant la belle et glorieuse vie de l'amiral « Roussin, et en répétant avec notre grand poëte Victor « Hugo :

. . . .
  « Votre aile, en l'effleurant, ne fera rien répandre
  « Du vase où je m'abreuve et que j'ai bien rempli :
  « Mon âme a plus de feu que vous n'avez de cendre !
  « Mon cœur a plus d'amour que vous n'avez d'oubli !...

« BRETON,
« Ancien secrétaire de l'amiral Roussin,
4, Passage Caroline. »

Batignolles, février 1855.

———

Pour paraître dans le courant du mois d'avril : *Vie de l'amiral Roussin*, avec une lettre inédite.

———

TYPOGRAPHIE HENNUYER, RUE DU BOULEVARD, 7. BATIGNOLLES.
(Boulevard extérieur de Paris.)

www.ingramcontent.com/pod-product-compliance
Lightning Source LLC
Chambersburg PA
CBHW051349060726
47596CB00004B/1833